LES ÉLECTIONS AU SÉNAT

COMPTE-RENDU

DE LA RÉUNION

Qui a eu lieu le Dimanche 23 Mai

ARGENTON-CHATEAU

NIORT
IMPRIMERIE TH. MERCIER
1875

LES ÉLECTIONS
AU SÉNAT

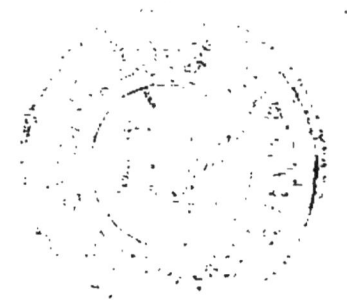

Le dimanche 23 mai, une réunion privée a eu lieu à Argenton-Château, chez M. Camille Jouffrault, conseiller général du canton. Les lettres d'invitation portaient que la question mise à l'ordre du jour serait : *Les Élections au Sénat*. La réunion comptait, outre un grand nombre de personnes venues de tous les points du département, la plupart des conseillers municipaux du canton d'Argenton et des cantons voisins.

Après avoir ouvert la séance, M. Camille Jouffrault a dit qu'il était d'autant plus vivement touché de l'empressement que ses concitoyens avaient mis à répondre à son appel, qu'il voyait là une preuve de l'intérêt de plus en plus vif que l'on prend partout à la marche des affaires publiques. « Les élections au Sénat, a-t-il ajouté, ont une importance et une gravité qui n'échappe à personne ; elles sont à l'heure actuelle la grande préoccupation du pays, et je suis heureux que M. Antonin Proust veuille bien se joindre aujourd'hui à nous pour nous donner son sentiment sur cette question. »

M. Antonin Proust, qui avait été invité à s'asseoir au bureau à côté de M. Camille Jouffrault, s'est alors levé et a prononcé les paroles suivantes :

Messieurs et chers concitoyens,

Je remercie mon honorable collègue et ami, M. Jouffrault, de m'avoir convié à l'une de ces réunions, qui sont fréquentes parmi vous, et qui, grâce à l'excellent exemple que vous nous donnez, deviendront, je l'espère, moins rares dans notre département.

Jamais, en effet, il n'a été plus nécessaire de nous entretenir de nos affaires communes ; jamais nous n'avons eu plus étroitement le devoir d'accorder nos pensées et de discipliner nos actes.

Dans quelques mois, dans quelques semaines peut-être, nous pouvons être appelés à choisir des sénateurs et à élire des députés. Je dis choisir des sénateurs et élire des députés, parce que, si la constitution du 25 février nous laisse à tous le soin de nommer directement ceux de nos représentants qui iront prendre place dans la première Chambre, elle nous permet à tous également de participer au choix d'une partie des membres de la seconde, par les avis que nous pouvons émettre, par les conseils que nous devons donner.

Le Sénat — car c'est du Sénat que je me propose de vous parler — sera formé, vous le savez, dès que l'Assemblée actuelle aura prononcé sa dissolution. Sur les trois cents membres que l'acte constitutionnel lui attribue, soixante-quinze seront désignés par les députés qui siégent à Versailles, et ces soixante-quinze sénateurs seront inamovibles. Les 225 autres, renouvelables par tiers tous les trois ans, selon les indications du sort, devront être nommés par un collége composé dans chaque département des députés, des conseillers généraux, des conseillers d'arrondissement et des délégués des communes (un délégué par commune choisi par le Conseil municipal).

Les Deux-Sèvres, comptant sept députés, trente-et-un conseillers généraux, trente-sept conseillers d'arrondissement et trois cent cinquante-six communes, notre département aura donc, non pas 431 électeurs, ce qui serait le total des chiffres que je viens de donner, mais 426, cinq de nos députés faisant partie du Conseil général et aucun électeur ne pouvant disposer de deux voix.

Quelle action pouvons nous exercer sur la formation de ce corps électoral en ce qui concerne la nomination des délégués des communes et sur ce corps électoral lui-même, une fois qu'il sera définitivement constitué ?

A mon avis, une action décisive.

Il nous suffit de faire appel aux sentiments conservateurs de notre pays. Et à ce propos je crois qu'il ne doit subsister aucune confusion sur la valeur de ce mot, dont on a si étrangement abusé et dont la signification est cependant des plus nettes et des plus précises.

Ceux-là seuls, mes chers concitoyens, sont des conservateurs qui veulent le maintien rigoureux de la paix sociale. (Très-bien).

Ceux-là seuls sont des conservateurs qui cherchent à assurer cette paix, non par l'emploi abusif de la force ou par le recours incessant à l'arbitraire, mais par l'affermissement du gouvernement du pays par lui-même, c'est-à-dire par le développement progressif de la liberté, et par suite de la responsabilité de chacun à tous les degrés de l'édifice politique. (C'est cela.)

Là est, en effet, la garantie de l'ordre durable, le gage de la sécurité réelle. (Très-bien !)

Et ce n'est, je le répète, que par un étrange abus de mot que l'on a pu donner la qualification de conservateurs à des hommes qui non-seulement n'ont rien su conserver, mais qui songent encore, au mépris des nécessités implacables de notre situation et malgré la ferme et constante expression de votre volonté, à absorber les forces de la nation au profit d'un individu ou d'une fraction de la société. (Vive et longue approbation.)

On vous a dit et on vous dira que les institutions qui tendent à réaliser le programme que je viens de vous tracer sont des institutions néfastes, préjudiciables à vos intérêts les plus chers, à vos désirs les plus légitimes.

Mais qui donc, je vous le demande, a constitué la propriété telle qu'elle est à cette heure ; qui l'a retirée des mains où la retenait le privilége ; qui vous a permis à vous, cultivateurs, d'acquérir ce sol où s'épuisaient vainement vos efforts, et dont la possession est aujourd'hui la juste récompense de votre travail ; qui vous a autorisé à léguer ce sol à vos enfants, si ce ne sont les institutions que l'on calomnie de la sorte ?

Qui a fait respecter la famille outragée par des usages barbares, démembrée par des coutumes indignes ?

Qui a ramené enfin les ministres de la religion à l'exacte notion de leurs droits et de leurs devoirs, si ce n'est encore et toujours l'application des principes qui ont triomphé au dernier siècle et qui viennent, au sein d'une Assemblée profondément divisée, de vaincre des résistances dont vous avez récemment pu mesurer l'incroyable prétention. (Très-bien!)

On peut discréditer tout à l'aise les institutions républicaines. L'histoire est là pour répondre, et l'histoire dit que depuis quatre-vingts ans, en dépit de leurs combinaisons ingénieuses et de leurs inventions brutales, les restaurateurs du système monarchique ne nous ont donné que l'ordre précaire et le désordre intermittent. (C'est vrai).

L'histoire dit qu'il n'est pas un de ces prétendus vainqueurs du péril social qui n'ait aggravé ce péril en jetant dans notre société de nouvelles lignées de prétendants, c'est-à-dire de nouveaux germes d'agitation.

Examinez une à une toutes ces entreprises. Qu'en avez-vous recueilli ?

Le premier des Bonaparte a pris la France grande, il l'a laissé amoindrie. La Restauration aurait pu sinon réparer tout le mal que nous avait fait l'homme de Brumaire, du moins acheminer le pays vers sa rédemption ; mais impatiente du joug de la légalité, elle a couru d'elle-même au-devant de sa ruine, mettant ainsi en suspicion la royauté constitutionnelle que le gouvernement étroit de Louis-Philippe devait achever de perdre parmi nous. Quant au second empire, il vous avait promis qu'il serait la paix, et il est tombé vous laissant aux prises avec la plus effroyable des guerres. Que reste-t-il de tout cela ? Je le répète. Des prétendants à l'infini, qui s'entendent à merveille quand il s'agit de restreindre vos droits, mais qui s'entre-déchirent dès que l'un d'eux croit la proie mûre pour son ambition, ou dès qu'il se sent maître du pouvoir.

Ont-ils en effet eu plus d'égards les uns pour les autres qu'ils n'en ont eu pour vous-mêmes, la plupart de ces chercheurs de trône? Non; l'un — c'est un Bonaparte, — a fait lâchement assassiner un Bourbon dans les fossés de Vincennes; cet autre, c'est un Bourbon, a dérobé la couronne à son cousin. Voici le dernier venu, Napoléon III, qui, par esprit d'imitation sans doute et pour se donner le luxe de la responsabilité d'une exécution princière, pousse son allié Maximilien sous les fusils de Quérétaro.

Et ce sont de tels gouvernants que l'on appellerait des conservateurs; c'est cette série d'usurpations et de violences que l'on décorerait du nom d'ordre social? Il suffirait, pour se poser en sauveur de la société, de s'emparer du pouvoir par la ruse ou par la violence, et de masquer l'abus que l'on en peut faire sous les dehors d'une vaine gloire ou d'une prospérité factice ? Non, ces sortes de choses ont un lendemain, vous ne le savez que trop, et ce lendemain s'appelle l'émeute, la ruine, l'invasion et parfois la mutilation de la patrie. (Mouvement.)

« Si je me suis fait le défenseur des institutions républicaines, s'écriait naguère l'auteur ou pour mieux dire le promoteur de la constitution du 25 février, l'honorable M. Wallon, c'est que je considère que nous devons en même temps *placer notre pays à l'abri des coups d'Etat et lui éviter les risques des révolutions.* »

En faisant appel à vos sentiments conservateurs, je vous demande donc, mes chers concitoyens, à vous qui êtes écoutés, à vous qui aurez charge de désigner vos délégués, à vous qui pouvez avoir la mission de choisir les deux sénateurs que la loi assigne à notre département, de bien méditer ces paroles de M. le ministre de l'instruction publique. Et quand vous les aurez méditées, vous penserez avec moi, j'en suis convaincu, que notre premier devoir, si nous voulons épargner à notre France la tache infâmante des coups d'Etat et les crises décevantes des révolutions, est d'écarter impitoyablement de nos choix tous ces coureurs d'aventures monarchiques, qui sont depuis si longtemps la plaie de notre pays. (Oui ! oui !)

Songez-y bien, en effet : si vous laissiez peupler nos assemblées de ces hommes qui n'obéissent qu'à leurs rancunes et qui n'écoutent que leurs appétits, il y aurait pour l'ordre un véritable danger. Vous verriez substituer à l'expédition des affaires, à l'élaboration des lois, les débats stériles, les querelles passionnées, les vaines et odieuses récriminations et peut-être les résolutions menaçantes. Or, nul ne le sait mieux que vous, notre pays n'a jamais eu plus besoin de calme et de sécurité. (Oui, c'est vrai).

Il y a un instant, avant l'ouverture de cette séance, quelqu'un me conseillait de désigner ceux des hommes de notre département qui seraient à mon avis dignes d'être honorés du mandat de sénateur. Je me garderai bien de suivre ce conseil, car j'estime que c'est à vous qu'il appartient de guider dans leurs opérations les électeurs sénatoriaux. Et voici comment je comprends cette intervention de votre part : Vous devez faire dans la commune des réunions privées qui seront nécessairement peu nombreuses, en provoquer de plus nombreuses au chef-lieu de canton, aller de là au chef-lieu d'arrondissement et enfin au chef-lieu du département. Cette enquête, prise dans son ensemble, sera non-seulement une indispensable préparation à la réunion définitive où sera arrêtée la liste de nos candidats au Sénat, elle sera encore plus tard, sur le territoire de la commune, la préface nécessaire de l'élection du délégué. L'article 2 du projet complémentaire des lois constitutionnelles, déposé il y a six jours sur le bureau de l'Assemblée par M. Dufaure, dit en effet « que l'élection du délégué se fera sans débat au sein de chaque Conseil municipal. » J'ignore si cette disposition a quelque chance d'être adoptée par l'Assemblée, mais pour ma part je la trouve sage, et je crois qu'il est de beaucoup préférable de se concerter à l'avance entre conseillers pour l'élection du délégué, que de courir le risque d'un débat en séance, qui pourrait dégénérer en discussion regrettable.

Pour la désignation des candidats au Sénat, aussi bien que pour celle des délégués des Conseils municipaux, vous n'aurez au reste, je me hâte de le dire et je suis heureux de le constater, que l'embarras du choix ; car nous ne devons pas oublier que la République est le gouvernement de tous, que par conséquent elle ne saurait être exclusive et qu'elle doit accueillir à côté de ses défenseurs de vieille date ceux qui viennent franchement et loyalement à elle.

Je le disais naguère dans une autre réunion. Si le parti républicain a fait la conquête de l'opinion publique par la sagesse de ses principes, il faut qu'il affermisse cette conquête par la modération de sa conduite. Il faut surtout qu'il se montre patient et qu'il oppose un imperturbable sang-froid aux attaques de ses adversaires.

Je sais combien il en doit coûter à ceux qui attendent la réparation de quelque injustice de faire taire leurs griefs, mais ce n'est point souvent à précipiter le pas que l'on s'approche plus rapidement du but. N'oublions pas d'ailleurs que le progrès s'est fait constamment dans notre pays en dépit de toutes les entraves, et que si nous avons perdu un temps précieux, nous regagnerons bien vite les jours perdus, en demeurant unis sous la salutaire protection des institutions que l'Assemblée vient de nous donner. (Très bien ! très bien !)

Une voix. — Le pays est malheureusement très divisé.

Quelqu'un me dit que les germes de division sont nombreux dans notre société. Cela est vrai. Mais — et vous allez peut-être me trouver bien optimiste — je suis convaincu qu'ils disparaîtront beaucoup plus promptement qu'on ne le pense.

Je crois que les partisans de la monarchie constitutionnelle, de cette monarchie qui avait rêvé le roi immobile et une partie de la nation agissante, comprendront que la loi républicaine, en substituant le principe électif au système dynastique et en appelant tout le pays à prendre part aux affaires, a utilement agrandi une conception qui était et sera toujours incompatible avec les aspirations de notre société démocratique.

Je crois — car j'en ai chaque jour la preuve — que ceux qui se sont laissés prendre aux supercheries plébiscitaires de l'empire ne tarderont pas à devenir les plus fermes soutiens de cette politique d'apaisement, de cette politique de loyauté autour de laquelle l'union se fait chaque jour plus étroite.

Je crois enfin que les légitimistes, que je n'ai garde de confondre avec ces intrigants qui se font d'une foi hypocrite un instrument de fortune, se souviendront encore, ainsi qu'il s'en sont souvenus à l'heure où le sol de la patrie était foulé par l'étranger, que le drapeau de la République est le drapeau de la France. (Mouvement.)

Les élections sénatoriales, mes chers concitoyens, sont au reste entre vos mains. C'est vous, habitants des campagnes, qui avez la plus large part dans ces élections. Et c'est de vous que nous attendons un vote qui réduise à néant les calculs égoïstes des factieux.

Quelques journaux ont parlé, à l'occasion des élections au Sénat, de la nécessité de faire prendre aux candidats certains engagements. Ils ont rappelé que si, par deux fois, la République avait échoué en France, c'est qu'elle avait été desservie et même livrée par des hommes qui s'étaient cependant engagés à la servir et à la défendre.

J'approuve, quant à moi, ce retour au mandat impératif, et je ne l'approuve pas seulement parce qu'il rappelle cette époque de 1789, qui est l'une des plus glorieuses de notre histoire ; je l'approuve encore parce qu'il me paraît être une des nécessités de notre état politique. Mais il ne faut point nous faire d'illusions : ce que nous devons rechercher à l'heure actuelle, c'est beaucoup moins un engagement individuel qu'une déclaration collective. Ce qui importe, c'est de montrer que tous les hommes qui sont demeurés fidèles à la République ou qui se rallient à ses principes entendent défendre les institutions existantes contre tout attentat, de quelque part qu'il vienne. En faisant hautement connaître que tel est le sens de votre vote, vous aurez fait acte de bons citoyens.

Gardez-vous, d'ailleurs, des impatiences et des désespoirs prématurés. Le temps est la première condition du progrès, et le temps ne fait jamais défaut à qui compte sur lui.

Messieurs, si je suis venu aujourd'hui parmi vous, c'est que je crois qu'il est du devoir de tous ceux que vous avez honorés d'un mandat de répondre à votre appel ; c'est que j'estime que nous devons même provoquer, s'il est nécessaire, ces entretiens où l'on apprend à se mieux connaître et qui font qu'entre nous la confiance devient plus étroite ; c'est que je pense enfin que c'est de la seule conservation du gouvernement de la République que nous pouvons espérer l'apaisement des passions et l'union de tous les hommes de bonne volonté.

Un mot pour terminer.

Il s'est trouvé parmi nos adversaires des gens qui, se voyant condamnés par l'opinion publique, ont imaginé ce mensonge que l'Europe songeait à se coaliser contre le gouvernement que nous nous sommes donné.

Ces individus — ils sont en petit nombre, je me hâte de le dire — ont prêté à une nation qui nous est sympathique, à un souverain qui s'est fait le protecteur désintéressé de l'ordre en Europe, des sentiments et des paroles de haine. Ils ont dit, en un mot, et ils répètent chaque jour, que la Russie approuverait et seconderait même une intervention en France, si nous persistions à nous gouverner selon notre gré.

Eh bien ! il n'y a pas là seulement, mes chers concitoyens, l'oubli de toute émotion patriotique, l'abandon de toute fierté nationale, il y a encore une calomnie inepte contre une politique loyale, il y a une injure grossière adressée à un peuple ami.

Tenez pour certain, ainsi que je vous

l'ai dit et que je vous l'affirme à nouveau, que la République, c'est-à-dire le gouvernement légal, peut seule nous donner le calme intérieur, et que la paix au-dedans est la meilleure garantie de la paix au dehors ; songez qu'il dépend de vous de défier les sourdes conspirations qui cherchent à troubler cette paix, et les attaques brutales qui pourraient la compromettre, en vous serrant autour d'institutions qui n'ont d'autre ambition que d'assurer les droits de tous. (Longue approbation.)

Après cet exposé des principes qui doivent guider ceux qui ont à cœur de respecter et de faire respecter la légalité, M. Jouffrault a repris la parole pour dire que les membres du bureau se mettaient à la disposition de la réunion et qu'ils étaient prêts à lui fournir les commentaires qu'elle réclamerait sur les articles de la Constitution relatifs au Sénat, ainsi que sur les dispositions du projet de M. Dufaure. De nombreuses explications ont été alors échangées, particulièrement au sujet de l'indemnité de déplacement que les lois complémentaires proposent pour les délégués. Cette disposition a été unanimement approuvée. Le bureau a de plus recueilli les renseignements qui lui ont été donnés sur les diverses candidatures qui se sont produites jusqu'ici dans les Deux-Sèvres, après avoir déclaré que la réunion ne pouvait prendre et ne prendrait aucune résolution en ce qui concerne ces candidatures. M. Antonin Proust a enfin prié les assistants de poursuivre dans leurs communes l'enquête électorale qu'ils y avaient commencée. Sur ces derniers mots la séance a été levée.

IMPRIMERIE TH. MERCIER

RUE YVERS, 1.

Mémorial des Deux-Sèvres

JOURNAL POLITIQUE

Paraissant trois fois la semaine : le mardi, le jeudi et le samedi.

Bureaux : rue Yvers, 1, à Niort.

PRIX D'ABONNEMENT :

POUR LES DÉPARTEMENTS DES DEUX-SÈVRES,
DE LA CHARENTE-INFÉRIEURE,
DE LA CHARENTE, DE LA VENDÉE ET DE LA VIENNE

Un an.	20 fr.
Six mois.	10
Trois mois.	6

POUR LES AUTRES DÉPARTEMENTS

Un an.	22 fr.
Six mois.	12
Trois mois.	7

www.ingramcontent.com/pod-product-compliance
Lightning Source LLC
Chambersburg PA
CBHW060555050426
42451CB00011B/1913